ÉLOGE

HISTORIQUE

DE Mr LE MARÉCHAL

DE VAUX.

*Virum severitatis lætissimæ, actu otiosis simillimum;
vultu vitâque tranquillum animo exsomnem.*
Vellei. Paterculus, liv. 2.

C'étoit un homme d'une sévérité douce, agissant sans empressement; & dans l'action même semblable à ceux qui sont oisifs, ayant le visage tranquille & l'esprit toujours occupé.

1788.

ÉLOGE
HISTORIQUE
DE Mr LE MARÉCHAL
DE VAUX.

La fureur des Eloges a été de nos jours portée à son comble. Qu'un homme ait eu quelqu'éclat dans le monde, à peine est-il mort, que les Académies s'en emparent, & que mille mains s'apprêtent à couronner celui qui, pendant sa vie, n'a dû souvent qu'à des circonstances bisarres de ne pas rester un particulier très-obscur. Ce genre d'écrire est devenu plus à la mode, à mesure que les sociétés littéraires se sont plus multipliées; & c'est dans ces arênes que des athlètes de tout âge & de toute condition vont disputer des prix, le plus souvent aux dépens des hommes qu'ils croient immortaliser. Il ne reste de ces Eloges que des notions bien imparfaites de ceux qui y sont célébrés, parce que leurs Auteurs n'y cherchoient qu'un moyen de faire briller de légeres connoissances & de petits talens.

J'ai pensé que c'étoit à un Militaire à louer M. le Maréchal de Vaux; & en attendant qu'une main plus habile lui assigne son rang parmi les hommes de guerre de son pays, je tracerai une esquisse de sa vie & de ses actions. Témoin de quelques unes, honoré de son amitié, puisse cet Ouvrage attester mon respect pour sa mémoire, & mon desir d'inspirer à la postérité le même sentiment!

Tacite voulant perpétuer le souvenir de sa douleur & des vertus d'Agricola son beau-pere, débute par ces mots : « Je lui ai
» souvent entendu dire, que dans sa premiere

» jeuneſſe il ſe paſſionna pour l'étude de
» la philoſophie dont un Sénateur, dont
» un Romain ne doit pas faire ſon unique
» objet, & qu'il s'y feroit abandonné ſans
» réſerve ſi.... « Je n'ai ni les talens de
l'Hiſtorien que je cite, ni les droits pour
célébrer un homme qui parvint aux plus
grands honneurs de ſon pays par ſon ſeul
mérite; mais je pourrois commencer l'E-
loge de M. de Vaux par dire, avec l'Ecrivain Romain : Je lui ai ſouvent entendu
raconter que dans ſa jeuneſſe il s'étoit livré
à tous les plaiſirs & même à tous les excès
dans leſquels on peut donner à cet âge,
quand on eſt doué d'une forte conſtitution
& d'un tempérament plein de feu.

Auſſi M. de Vaux, au milieu de cette
réputation de ſévérité qui le précédoit par-
tout, a-t-il toujours montré une grande in-
dulgence pour les travers de la jeuneſſe; il
réprimandoit avec force, je dirai même
avec plaiſir; mais jamais il ne prononçoit
contre un jeune homme ces punitions graves qui peuvent le mettre hors d'état de

A 2

développer ſes talens & de parvenir un jour aux honneurs par le chemin de la gloire.

Ce ne fut qu'après avoir paſſé l'âge de vingt ans qu'il s'apperçut qu'un François n'eſt pas deſtiné à conſumer ſa vie dans les plaiſirs, & qu'un Officier ne ſauroit arriver à cette eſtime publique, ſi deſirable dans l'âge mûr, par les femmes, le jeu & les divertiſſemens ordinaires des premieres années. Ils peuvent bien mener quelquefois à la fortune, mais jamais à la conſidération néceſſaire, au bonheur de la vie d'un homme qui penſe, & au ſervice de l'Etat; car les dignités qu'on y obtient par la faveur feront quelque jour ſujettes à des revers, qui ne laiſſeront que le regret de les avoir obtenues.

M. de Vaux fit ſes premieres armes dans le Régiment d'Auvergne. C'étoit un de ces vieux Corps, dont on pouvoit dire, comme J. J. Rouſſeau du Régiment de Navarre: *Mettez-y le plus grand poltron de la terre, & il y deviendra un brave homme.* Nous les avons encore vu exifter ces Corps, dont l'efprit étoit la plus fûre défenfe de la Monarchie; nous avons été témoins de leur deftruction; des motifs peu approfondis d'uniformité la déterminerent, & les raifons monarchiques ne furent feulement pas apperçues par les auteurs de cette réforme.

Quoi qu'il en foit, le Régiment d'Auvergne a donné à la France le Maréchal de Catinat; & c'eft à la tête de ce Corps refpectable que M. le Comte de Rochambeau, l'efpérance actuelle de notre armée, a fait le premier effai de fes talents. Après y avoir fervi dix ans en qualité de Lieutenant, M. de Vaux y fut fait Capitaine, & bleffé dangereufement aux batailles de Parme & de Guaftalla, où ce Régiment & celui du Roi eurent une conduite que la difcipline n'oferoit efpérer, & qu'il ne faut attendre que de l'amour feul de fa propre réputation. Ce n'étoit point-là des Régimens, c'étoit des familles qui vouloient maintenir leur bonne renommée. Heureux le Souverain dont les fujets confondent ainfi leur intérêt avec le fien.

Un des grands malheurs de la guerre est peut-être que plus les actions sont méritantes, & moins on peut donner de soins à ceux que les coups du sort ont atteints. Il faut convenir que, dans cette partie, la France l'emporte encore sur les autres Puissances ; que les blessés ont plus de secours, qu'ils sont donnés par des mains plus habiles ; enfin que le Gouvernement n'y épargne rien ; & cependant quand leur nombre passe la prévoyance, les victimes de la patrie sont exposées à être immolées une seconde fois à l'hôpital. M. de Vaux dut à son sang-froid de ne pas perdre la jambe à laquelle il avoit été blessé ; il en imposa tellement aux Chirurgiens, qu'ils trouverent la possibilité de la lui conserver.

La France voulut, on ne sçait pourquoi, envoyer des troupes en Corse en 1738. Le Régiment d'Auvergne fut de cette Armée. M. de Vaux y étoit toujours Capitaine, & le hazard fit qu'il se trouva le plus ancien d'un détachement envoyé à Corté ; car la fortune semble quelquefois chercher le mérite, malgré tout le mépris que celui-ci a pour elle. Ce fut dans cette Ville que M. de Vaux, donnant des ordres sur la Place, & montrant de la main ce qu'il vouloit qu'on exécutât, reçut dans cette même main un coup de fusil qu'un Prêtre lui tira d'une fenêtre. *Voilà encore un mal-intentionné*, dit froidement M. de Vaux, *qu'on me l'amene.* Le Prêtre effrayé se jette à ses pieds; le Chirurgien, occupé à panser sa plaie, s'arrête; *continuez,* lui dit M. de Vaux, *ce que j'ai à dire à cet homme ne vous regarde pas.* Puis s'adressant aux troupes, qui n'attendoient que l'instant de conduire l'assassin au bourreau, *menez,* dit-il, *ce mauvais Prêtre à son Evêque, & prevenez-le qu'à la premiere Ordination qu'il fera, j'irai moi-même examiner ses sujets, & lui apprendrai son devoir.* M. de Vaux retourna depuis en Corse, une fois pour y commander les places que la France conservoit aux Génois, & l'autre pour la conquérir tout à fait. Il n'oublioit jamais de mander ce Prêtre, s'informoit de lui, le questionnoit sur l'amendement de sa vie, & le renvoyoit avec de l'argent, après une forte réprimande sur ce qu'il ne trouvoit point sa conversion avancée.

En racontant les exploits d'Agricola, Tacite nous donne une relation très-étendue des mœurs des Bretons, du pays qu'ils habitoient; & cette description forme un contraste intéressant avec les talens & les actions de son héros. Qu'eût-il pu écrire sur un peuple de mœurs si opposées à celles des anciens Bretons, si l'on pouvoit dire des Corses qu'ils eurent des mœurs? Les premiers supportoient l'obéissance & rejettoient la servitude; les Corses au contraire ne savoient ce que c'étoit que d'obéir, & ils avoient besoin de la servitude. Personne n'y étoit pour la patrie, chacun vouloit être dominé par celui dont il espéroit le plus. Ce pays, fatigué de factions, appelle *ses libérateurs* ceux qui ont apporté dans son sein une puissance étrangere. Voilà un genre de patriotisme inconnu aux anciens & aux modernes. Chez les Corſes, le trafic de la patrie a ſatisfait l'intérêt particulier en ſervant l'intérêt public, & ce qui a été vice chez tous les Peuples, fut chez eux une vertu. Eſpérons pour le bonheur du monde & la fûreté de la morale, que cette vertu tient à des cauſes particulieres à ce petit pays, & que le reſte des Nations ne ſortira point de ſes principes.

Nous interromprons ici l'ordre des faits, pour dire tout de ſuite ce que fit en Corſe M. de Vaux. Il y fut envoyé pour la conquérir, quand la France en eut le caprice. Cette conquête ſe fit plus par ſa préſence & ſa réputation, que par ſes talens militaires. Il parla de bourreaux, d'exécutions, déploya une armée, & la Corſe fut ſoumiſe à la France ; c'eſt-à-dire qu'elle nous apporta ſa miſere & nous fit dépenſer notre argent.

On en donna à M. de Vaux le Commandement général. La réflexion qu'inſpire la vue de tant de pays différens qu'on a parcourus dans une longue vie militaire, est peut-être de toutes les études celle qui dispose le plus à l'administration un homme juste & sensible ; & l'union si rare de ces deux qualités n'a échappé à aucun de ceux qui ont connu M. de Vaux. Sa réputation de sévérité lui facilita toujours de nouveaux moyens d'être bon ; & si la Corse, qui ne valoit pas la peine d'être conquise, eût valu celle d'être gardée, ce seroit un malheur irréparable, & pour cette Colonie, & pour la Métropole qu'il n'en eût pas conservé le commandement.

On expédia à l'Intendant des Patentes qui paroissoient lui attribuer quelqu'inspection sur le Commandant, M. de Vaux lui déclara, qu'*il ne vouloit point être son justiciable*, & demanda à la Cour son rappel. Alors les *Bureaucrates* s'emparerent de la Corse. Les malheureux habitans durent se faire un nouveau genre de guerre, & la France y fit la fortune de quelques protégés aux dépens de ses nouveaux Sujets. La Corse est restée inculte, mais les habitans ont appris que des publicains de tout état pouvoient s'enrichir, où les sujets mourroient de faim.

Nous avons laissé M. de Vaux, Capitaine au Régiment d'Auvergne. Suivons-le dans son chemin militaire. Il étoit entré au service en 1724, avoit fait trois campagnes en Italie, avoit commandé en Corse avec succès, reçu plusieurs blessures graves & étoit encore Capitaine d'Infanterie en 1742, époque à laquelle l'armée françoise marcha en Bohême, & fut assiégée dans Prague.

Prague est une ville immense, qui n'a rien d'une place de guerre, mais qu'on peut défendre avec des hommes & du courage, parce qu'il faut aussi l'un & l'autre pour l'attaquer. Le Maréchal de Broglie y commandoit ; son caractere pouvoit difficilement se tenir sur la défensive, & ses principes militaires y étoient opposés. Ce fut donc en attaquant toujours les ennemis qu'il défendit cette place ; il y créa des dehors, des postes avancés, capables de retarder l'attaque, & de lui donner les moyens d'entreprendre fur les ennemis.

Un de ces poftes, le plus périlleux de tous, étoit occupé par deux cens hommes d'infanterie. Les dangers qu'on y couroit, les pertes qu'on y effuyoit, obligeoient d'en relever chaque jour la garde, & le commandement en étoit confié tour-à-tour aux plus anciens Capitaines des Régimens. Le Maréchal de Broglie voulut y fixer un Commandant, & il s'adreffa à fon fils pour lui trouver l'homme qu'il défiroit.

Le Duc de Broglie, aujourd'hui Maréchal de France, fervoit fous fon pere comme Colonel, & fa qualité de fils du Général, lui valoit les opérations difficiles. Sa réputation croiffoit comme l'arbre qui, planté fur un terrein fertile, profite chaque année du bienfait de la nature & du tems, tandis que celui qui fe refufe d'abord au fol qui le vit naître, celui fur-tout dont la croiffance eft trop prématurée, parvient rarement à la force & à l'élévation du premier. C'eſt ſous cet emblême qu'Horace nous repréſente *Marcellus* qui, après avoir triomphé des Gaulois & des Germains, fit voir qu'Annibal même n'étoit pas invincible, & mérita d'être honoré par l'ennemi qu'il avoit vaincu. *Creſcit occulto, velut arbor ævo, fama Marcelli.* Ainſi le Duc de Broglie, toujours le premier de l'armée dans ſon grade, eſt parvenu de bonne heure à être compté parmi les Généraux de l'Europe.

Il préſenta à ſon pere M. de Vaux, pour remplir ce poſte important, & celui-ci s'y maintint tant que l'armée françoiſe oc-occupa Prague. Enfin, ſa conduite lui mérita le commandement du Régiment d'Angoumois. Il diſoit, que dans cette occaſion il avoit dû ſa fortune à ſa ſobriété; que ſans un régime diététique auſtere, il n'auroit jamais pu ſoutenir les fatigues qu'exigeoient ce poſte, fatigues, ajoutoit-il, que le danger habituel ne laiſſe pas d'accroître, quelque familiariſé qu'on ſoit avec lui.

Le Régiment d'Angoumois ſervit en

Flandres & fit des pertes qui obligerent de l'éloigner de l'armée. Le Maréchal de Saxe, privé du Régiment, ne voulut pas se priver du Colonel. Il l'employa dans l'Etat major, espece de service qu'il peut être bon de connoître, mais qui ne donne point d'exécution, c'est-à-dire, qu'on n'y contracte point l'habitude de conduire les troupes, habitude qui n'est pas le génie, mais son premier instrument. Les Officiers de l'Etat major peuvent être regardés dans l'art militaire à-peu-près comme le sont les Amateurs dans les Arts. Ainsi les jugeoit M. de Vaux, & il avoit coutume de dire, qu'on trouvoit trop de *diseurs* dans notre armée, & pas assez de *faiseurs*. Ce vice ne s'en est pas moins accru dans les nouvelles constitutions.

Le Maréchal de Lowendal ayant pris Berg-op-zoom, ne trouva pas qu'il en pût remettre le commandement en meilleures mains qu'en celles de M. de Vaux, qui n'avoit encore alors que le grade de Brigadier. Il y éprouva un échec que l'envie, à laquelle il donnoit prife pour la premiere fois, fut ardente à publier. Voyons comment il en repouffa les traits. Nous en parlerons avec d'autant plus de vérité, que défireux de connoître cette anecdote de fa vie, nous cherchâmes, avec le refpect que nous devions à fon grade, & les égards que méritoit fa perfonne, à nous la faire raconter par lui-même. Notre curiofité ne put lui échapper. Monfieur, nous dit-il avec bonté, vous voudriez que je vous parlaffe de Berg-op-zoom. — Il faut bien en convenir; — que ne me le demandez-vous. — Je craignois que cette queftion ne vous déplût. — Ah ! Monfieur, vous me ménagez, je vous en remercie, gardez pour d'autres vos égards, je vais vous fatisfaire. — Le Maréchal de Saxe m'avoit fait part de fes inquiétudes fur l'arrivée d'un convoi qu'il vouloit faire entrer dans Berg-op-zoom. J'en étois inquiet auffi. J'avois entendu raconter aux vieux Officiers qui avoient fervi fous Louis XIV, que plufieurs Gouverneurs étoient fortis de leurs places, quand ils l'avoient cru néceſſaire. J'avois lu que M. de Chavigny étoit forti de Grave ; je crus devoir en faire autant de Berg-op-zoom, & je me fis fuivre d'un bataillon de milices que je poſtai dans quelque brouſſailles, ordonnant au convoi de paſſer derriere. Il paſſa, mais les ennemis s'avancerent ; c'étoit des huſſards, mon infanterie jetta les armes & s'enfuit, je fus pris.—

C'eſt ainſi qu'il racontoit cette aventure, qui le fàchoit d'autant plus qu'elle humilioit ſes connoiſſances militaires. L'infanterie, même en plaine, lui paroiſſoit invincible par la cavalerie. Sa maniere de s'exprimer étoit de dire : *tout fantaſſin qui n'aſſaſſine pas un cavalier eſt un fot.* Ici le fantaſſin étoit poſté, étoit à couvert, il étoit attaqué par des huſſards ; &, dans cette guerre, on croyoit encore les huſſards incapables de charger une troupe en bataille.

Les ennemis échangerent bientôt après
M.

M. de Vaux, & il difoit qu'à fon arrivée au quartier-général, les gens bien intentionnés pour lui, cherchoient à l'excufer. Il le trouva mauvais, & leur répondit : « Meffieurs, je ne veux point d'excufes ; je » penfe que le Roi eft toujours fort obligé » à ceux qui veulent bien fe battre pour » fon fervice, quand cela ne leur eft pas » ordonné ».

Telle étoit la façon de penfer de M. le Maréchal de Villars, & M. le Maréchal de Broglie eft fort foupçonné de n'en être pas éloigné. La Croix de Marie-Thérefe, chez les Autrichiens, n'eft accordée qu'à celui qui a fait une action utile qui ne lui étoit pas ordonnée. Voilà de grandes autorités ; j'oferai pourtant dire que M. de Vaux les dédaignoit. Son fentiment faifoit fa feule regle ; fon avis étoit toujours précédé de grandes réflexions, & il y devenoit inébranlable. Sa fermeté, joint au fentiment de fa propre confcience, étoit accompagnée d'un amour-propre affez gai, & il avoit prié celui qui cherche aujourd'hui à lui rendre hommage, de ne pas oublier ce trait dans son Eloge; il l'invitoit quelquefois en souriant à capter pour lui les suffrages des beaux esprits militaires de Paris, qui écrivent & raisonnent *tactique*, & dont il faisoit à-peu-près autant de cas qu'Annibal de Phormion.

M. de Vaux avoit discipliné le régiment d'Angoumois, & sa réputation lui fit donner le commandement du régiment de Bourbon. Cette réputation, il la devoit plus à son extérieur qu'à son caractere. Il n'avoit que le masque de l'homme sévere. Sa blessure à la main, qu'il avançoit toujours en parlant, ajoutoit encore à ce costume de sévérité qui en imposoit à ceux même que la crainte des châtimens ne pouvoit contenir.

Les troupes alors étoient entretenues par les Capitaines. Chacun vouloit bien user de violence envers les Soldats de sa compagnie; mais personne ne vouloit entendre parler de l'autorité du Roi, ce qui nécessitoit l'indiscipline, si nuisible à l'honneur

des Chefs & au bonheur des subalternes. M. de Vaux, en arrivant au régiment de Bourbon, reprit le Capitaine de Grenadiers sur quelques torts de sa compagnie. Celui-ci lui répondit avec arrogance, *mes Grenadiers.* « N'allez pas plus loin, lui dit
» M. de Vaux, vous vous tromperiez dans
» tout ce que vous voulez dire, en partant
» du principe que vous avez des Grena-
» diers. Le Roi est le seul en France qui
» aye des Grenadiers; il a bien voulu vous
» en donner le commandement, & il ne
» vous le laissera qu'autant que vous les
» commanderez suivant ses ordres que je
» vous donnerai ».

Ce peu de mots suffit pour ramener les Capitaines de ce Régiment à leurs devoirs, & M. de Vaux n'eut pas besoin d'user d'autorité. Voilà comme il réussit dans les grandes circonstances où son mérite le plaça depuis. Le secret de la discipline est dans l'exemple de celui qui profere le mot autorité, & c'étoit le secret de M. de Vaux. Un jugement sain l'avoit averti que l'honneur étant dans l'armée françoife, la bafe de la difcipline, la crainte du déshonneur devoit précéder toutes les autres. De-là cette punition infligée à un Officier d'infanterie qui avoit infulté un Officier de la marine marchande, & que M. de Vaux condamna à ne pas fuivre fon corps en Angleterre : de-là ce Juif ufurier mis en prifon à Thionville, avec avis à l'Officier dont il fe plaignoit, que ce Juif y refteroit jufqu'à ce que celui-ci fût payé ; tant d'autres traits encore qu'on fe feroit un devoir de rapporter, fi le mot *difcipline* étoit enfin défini, & que les Militaires, qui le proferent le plus fouvent fans l'entendre, vouluffent une fois y attacher une feule & même idée.

M. de Vaux, devenu Maréchal de Camp, arriva, en 1760, à l'armée commandée par M. le Maréchal de Broglie, qui l'employa avant le commencement de la campagne, dans la ville de *Friedberg*. Le projet de ce Général, en plaçant M. de Vaux dans un de fes quartiers les plus avancés, étoit de le faire déboucher à l'ouverture de la campagne à la tête d'un corps confidérable deftiné à paffer le premier la riviere de *Lolm*, opération grande, brillamment exécutée, & à laquelle il ne manque, pour occuper une place dans l'hiftoire, que d'être écrite par Céfar.

En attendant ce moment, M. de Vaux étoit à Friedberg, ville mal fermée, mais éloignée des quartiers des ennemis, ce qui ne les avoit pas empêchés quelques jours auparavant, de furprendre un de nos poftes dans une petite Ville qui n'étoit qu'à trois lieues au-delà. Ce coup hardi tenoit dans l'inquiétude, & tous les jours on s'attendoit à de nouvelles attaques. En effet, quelques poftes avancés crurent voir les ennemis en marche, & l'on accourut avertir M. de Vaux; mais celui-ci n'étoit jamais inquiet ; il avoit toujours prévu ce que l'ennemi pouvoit entreprendre, & après avoir compté fur fa prudence, il abandonnoit le refte à fon courage.

L'Officier empreſſé, qui apportoit la nouvelle de l'approche des ennemis, trouva M. de Vaux jouant au tric-trac avec un Général, Suiſſe de nation, qui n'eſt gueres connu des Tacticiens modernes que comme un homme aimable, mais que les anciens Militaires tiennent pour un Officier. La nature, en le douant de pluſieurs belles qualités, y joignit une certaine gaieté qui, relevant ſa valeur perſonnelle, ſemble la communiquer à tout ce qui la ſuit dans le danger; & à cette vertu militaire, la premiere de toutes, il eût réuni, ſans doute, le talent de n'uſer que ſobrement du courage des autres, s'il eût été formé à l'école du Roi de Pruſſe. Heureux de trouver ici l'occaſion de conſacrer ſon mérite, & d'apprendre aux gens du monde, qui le chériſſent, ce qu'ils en penſeroient, s'ils l'avoient vu dans les armées.

M. le Baron de Bezenval, dont nous parlons ici, perdoit au tric-trac, quand on annonça l'arrivée des ennemis. M. de Vaux ſe tenoit calme, mais ce fut un prétexte au premier d'abandonner la partie. *Restez, lui dit M. de Vaux, il ne seroit pas bien qu'un si petit événement dérangeât notre jeu, les ordres sont donnés, & vous avez le temps d'être marqué.* Le Baron de Bezenval fut obligé de continuer & de perdre ; mais les ennemis n'arriverent point.

Ce trait n'eût pas échappé à Plutarque ; &, sous cette plume féconde, & souvent si heureuse à dessiner les caracteres, il eût suffi pour peindre un Héros, imitateur de la simplicité de la plupart des modeles de l'Ecrivain Grec.

M. de Vaux, parvenu au grade de Lieutenant Général, continuoit à servir, en cette qualité, dans l'armée commandée par M. le Maréchal de Broglie. Ce Général, après avoir reconquis la Hesse, fut arrêté dans le cours de ses succès, & il pensa à garder, pendant l'hyver, les conquêtes de l'été, afin de pouvoir les étendre la campagne suivante. Il se détermina à conserver Gottingue, Ville située au débouché des montagnes qui séparent la Hesse du Pays d'Hanovre. Une forte Garnison y étoit destinée à inquiéter les ennemis pendant l'hyver, soit qu'ils voulussent trop s'approcher des quartiers de l'Armée Françoise, soit qu'ils entreprissent de les percer, comme il arriva en effet.

Il falloit au Maréchal de Broglie une Place capable de soutenir un siege, & il ne trouvoit qu'une Ville à peine fermée de murs : Mais M. de Vaux lui parut un rempart plus inexpugnable qu'une Ville fortifiée ; il lui ordonna de s'y établir, de s'y défendre, & fut obéi.

Le premier soin de M. de Vaux fut de créer des dehors qui pussent éloigner l'ennemi de la foible enceinte de la place. Son projet étoit ensuite de former cette enceinte à mesure qu'il perdroit ses dehors, & d'élever continuellement sous le feu de l'ennemi une défense égale à ses attaques. Cette méthode est le résultat du courage le plus réfléchi, & l'homme qui l'invente n'a guere que ce mérite vis-à-vis d'un ennemi habile. Aussi M. de Vaux ne fut-il jamais attaqué dans Gottingue. Ce fut lui qui prévint toujours les ennemis ; on alloit par ses ordres les chercher dans le plus grand éloignement, & on en revenoit toujours victorieux.

Nous ne saurions nous empêcher d'attribuer ici une partie de la gloire que les François s'acquirent à Gottingue, au choix de M. le Maréchal de Broglie. Ce Général, auquel *les Militaires de paix* ne peuvent refuser ce coup-d'œil d'aigle qui juge en un moment la position la plus favorable, y réunit aussi cette perspicacité qui découvre l'homme de mérite, & le place sur le champ là où il peut être utile. C'est ainsi qu'il a su distinguer, au milieu de cinq cens Capitaines de Dragons, M. le Marquis de Bouillé, devenu de nos jours si justement célebre par ses talens & ses vertus. Ce fut lui qui nomma pour commander en second dans Gottingue M. le Marquis de Belsunce, Colonel d'Infanterie, lequel devoit toujours agir dans ce poste avec de la Cavalerie. Son activité infatigable, son caractere entreprenant lui rendoient toutes les armes également familieres, & il étoit propre, plus que tout autre, à seconder les projets de M. de Vaux. La conduite de M. de Belsunce justifia ce choix; mais par une bisarrerie du Gouvernement, assez difficile à expliquer, on remplaça M. de Belsunce, & on envoya un très-bon Officier mourir Administrateur à Saint-Domingue.

Gottingue resta entre les mains des François jusques à la paix; sa garnison continua à se faire redouter par l'armée ennemie. Le Prince Ferdinand de Brunswick, qui la commandoit, n'entreprit jamais de s'emparer de cette prétendue forteresse; mais il tenta une ruse de cour pour en faire ôter le commandement à M. de Vaux, qui, comme on le sait, étoit le meilleur ouvrage de la place.

Il y a toujours des rapports nécessaires entre les Généraux des deux armées, & il s'établit entre eux une correspondance dans laquelle, oubliant qu'ils sont ennemis, ils gardent les convenances de la société. M. le Prince Ferdinand entama cette correspondance avec humeur. M. de Vaux, flatté de l'effet que sa présence dans une place, faisoit sur un des premiers Généraux de l'Europe, se contint dans les égards dus à un ennemi blessé; enfin les choses en vinrent à un tel point, que M. de Vaux n'écrivoit plus à M. le Prince Ferdinand; il se contentoit d'ordonner à un Capitaine des Portes de lui répondre. Le Général Prussien n'avoit point essayé de porter des plaintes inutiles à M. le Maréchal de Broglie. Il crut être plus heureux au moment où ce dernier fut remplacé par M. le Maréchal de Soubise, & pour mieux prendre celui-ci par le foible qu'on lui supposoit, il se plaignit du manque d'égards de M. de Vaux pour un *Prince étranger.* Cette derniere expression porta M. le Maréchal de Soubise à envoyer à la Cour la lettre du Général ennemi. Le zele des Bureaux s'enflamma, & M. de Vaux reçut une réprimande à laquelle il répondit : *Comme Gentilhomme françois, je ne dois rien aux Princes étrangers ; & comme Commandant les Troupes du Roi à Gottingue, je ne dois à M. le Prince Ferdinand que des coups de canon.* Cette réponse nous fait connoître le cas que M. de Vaux faisoit de sa naissance : c'est la seule fois qu'on l'en ait entendu parler ; elle étoit suffisante pour ne l'exclure d'aucune des récompenses dues au mérite, & même des graces que la faveur lui accorde. Nous imiterons son silence, & nous dirons, avec Fléchier, « Si son » portrait étoit moins beau, je cherche- » rois à vous montrer celui de ses ancêtres ».

La paix se fit en 1762. La ville de Gottingue entra dans le traité en compensation de quelques pays que les Anglois furent obligés de restituer, & cette ville, devenue une place d'armes par les soins de M. de Vaux, fut une espece de dédommagement de la conquête du Canada & de l'Amérique, que l'illustre Pitt (1) prétendoit faire

---

(1) The discourse of Pitt. The Parliamentary register, vol. III.

en Allemagne par les armes angloises. Cette ville tint lieu au Monarque françois d'un des domaines de sa couronne. Je ne veux point outrer la reconnoissance que doit la France à M. de Vaux; mais je ne veux pas non plus avoir à me reprocher de ne pas mettre mes lecteurs à portée de l'apprécier.

La paix ne le rendit point aux agrémens de la vie civile, qui cependant avoient quelques attraits pour lui, mais dont il savoit assez jouir par-tout. Il en passa les premieres années à Thionville, où il fit exécuter avec décence, mais sans ardeur, les nouvelles ordonnances; car il faisoit consister l'obéissance à servir & non à plaire. Toutes ces innovations militaires lui paroissoient plutôt une imitation peu motivée, qu'une conséquence des réflexions faites sur les abus dont l'armée françoise venoit d'éprouver les dangers pendant six campagnes. Il voyoit, avec peine, détruire dans l'armée, l'esprit national, dont il avoit tant de fois ressenti lui-même les heureux effets, sans qu'il s'établît à la place cet esprit de subordination qui fait la force des nations chez lesquelles les armes sont une profession. Mais le vulgaire ne pouvoit appercevoir en lui qu'une obéissance facile à tout ce qui étoit prescrit, &, comme nous l'avons dit, donner, le premier, l'exemple, étoit la base de son autorité.

Nous avons vu qu'il fut choisi pour soumettre la Corse. Cette conquête ne lui valut pas ce qu'il desiroit. Il croyoit avoir mérité d'être admis au rang des Chevaliers des Ordres du Roi ; faveur qui ne lui fut point accordée. Il dut se contenter de la Grand-Croix de l'Ordre de Saint-Louis, récompense la plus flatteuse, si l'on ne s'étoit pas accoutumé à n'en faire qu'une grace, & qu'il fût possible de la regarder autrement.

Je ne parlerai ici ni de cette ridicule effervescence excitée par la cherté du grain, & pendant laquelle on appella des troupes aux environs de la Capitale, pour contenir le peuple. M. de Vaux, qu'on croyoit propre à tout, y fut employé, & n'eut rien à faire. Je passerai aussi sous silence ce projet de descente en Angleterre, en avertissant cependant que l'histoire fourmillera de faits qui en attesteront la possibilité. M. de Vaux fut choisi pour la commander. Le choix étoit bon, puisque la vieillesse ne l'avoit point affoibli, & que celui qui s'étoit établi & maintenu dans Gottingue devoit commander dans Plymouth, & faciliter le débouché d'une armée françoise en Angleterre.

Nous voici parvenus à l'époque où les services de M. de Vaux lui valurent la premiere récompense de l'Etat militaire. Il eut deux peines à l'obtenir ; l'une de la mériter, l'autre de vivre assez long-tems pour la recevoir : il fut nommé Maréchal de France en 1783, il étoit alors âgé de 82 ans. On l'envoya commander en Franche-Comté. Employé autrefois dans cette Province, elle marqua le desir de le revoir; & le Gouvernement se rendit à ses vœux en chargeant le Maréchal de Vaux de ce commandement.

Il y passoit une grande partie de l'année, y vivoit dans l'abondance, mais sans luxe, & pouvoit dire à son Souverain comme Sénéque : « Il vous est glorieux d'avoir » élevé à une haute fortune celui qui en » souffriroit bien une médiocre. (1) » Entouré de ses enfans, leur tendresse respectueuse soignoit sa vieillesse ; pere des pauvres, sa générosité éclairée lui attiroit leur confiance, tandis que ses vertus de société lui méritoient l'estime des riches. Contenant les Officiers dans leurs devoirs, il ne leur faisoit sentir son autorité que lorsqu'ils n'étoient plus dignes d'être ses camarades ; ami des soldats, il acheta & transmit à la garnison de Besançon plusieurs arpens de terre pour être à jamais cultivés par elle & à son profit, & c'est ainsi qu'il procuroit leur aisance & les sauvoit de l'oisiveté. Les Officiers qui ont été long-tems subalternes connoissent les besoins des soldats, & leur élévation leur rappelle volontiers la recon-

---

(1) Hoc quoque in tuam gloriam cedet, illum ad summa vexisse qui & modica toleraret. *Tacite*, *liv.* 14.

noissance

noiffance qu'ils leur doivent. Le Maréchal de Vaux quitta un moment cette fituation heureufe pour paroître à l'Affemblée des Notables convoquée en 1787. Il ne s'y diftingua point, parce que tout ce qu'un homme pût y faire, fut de fe montrer l'égal des autres. Il fe borna à opiner fur l'*Impôt territorial*, d'après les connoiffances que lui fourniffoit une de fes Terres dans le Velay, où l'Evêque du Puy n'avoit jamais pu lever la dîme fans en être repouffé à coups de fufil. Cette réflexion ne blâmoit point l'*Impôt territorial*, elle apprenoit que l'établiffement de cet impôt veut être précédé d'une inftruction au Peuple, dont le vœu de la Nation foit le feul Miffionnaire.

Le Maréchal revint en Franche-Comté jouir en repos du fruit de fes fervices. Le régime auftere qu'il fuivoit depuis trente ans lui promettoit de longues années. Il étoit dans cet état de félicité & de calme qui ne fçauroit fe trouver qu'avec l'eftime publique & la paix domeftique, *lorfque le charme d'un projet extraordinaire, l'envie malade d'une vaine gloire, & une certaine impuissance d'esprit contre les fantaisies*, fit penser à ceux qui étoient sous le Prince, à la tête des affaires, que les besoins de l'Etat étoient les besoins de leurs petites ames. (Esprit des Loix, liv. XIII, chap. 1.) Le bouleversement de cette antique Monarchie, notre bonheur & notre gloire fut ordonné.

La résistance suivit & s'annonça dans toutes les parties de ce vaste Empire. Le Chef de la Justice voulut manier l'épée dont les Poëtes ont armé Thémis, & il oublioit qu'il n'avoit plus de l'autre main sa balance, & que ses yeux n'étoient plus couverts de son bandeau. Je dirois volontiers avec le Chancelier de l'Hôpital, *excidat illa dies !* Mais le Maréchal de Vaux perdroit une partie intéressante de mon hommage, & il m'est bien doux de le montrer méritant la couronne *civique*, après avoir remporté celle des guerriers.

Moins heureux dans ses derniers jours qu'Agricola, (1) le Maréchal de Vaux a

_____

(1) Tacite, vit. Agrico.

vu le Palais du Sénat fermé ; cette Compagnie augufte affiégée par des foldats, l'exil & la fuite de tant de citoyens diftingués. Ses jours ont fini trop tôt pour être témoins de notre joie & du triomphe de l'opinion publique. Il n'a pas entendu les applaudiffemens de la Nation accueillir cet Etranger, qu'un inftant de miniftere & des ouvrages nationaux avoient naturalifé François. Il a manqué au bonheur de fa vie de voir rappellé au premier emploi de l'Etat celui qui pour y parvenir s'étoit borné à prouver qu'il le méritoit. Un phénomene caufe une efpece de joie aux vieillards, & M. Necker en eft un dans les circonftances actuelles. Il eft entré dans le Miniftere comme les Nobles entrent dans les Chapitres ; fi fes titres n'ont pas tous la même valeur, & que quelques-uns foient fufceptibles de critique, aucun ne l'eft d'excluſion, & le mérite de l'homme fera oublier les erreurs de l'Ecrivain adminiftrateur.

Le Maréchal de Vaux n'a cependant pas été privé de toutes les confolations qu'un

Citoyen mourant peut recevoir. Il a vu la Nobleſſe du Royaume ſoutenir la Monarchie chancelante, avec cette fermeté & cette ſageſſe qui ne permet pas de ſoupçonner un complot, & qui atteſte un ſentiment uniforme de patriotiſme. Il a vu le Clergé oubliant ſes querelles avec la Magiſtrature, ne rappeller ſes anciens droits que pour ſoutenir les Loix du Royaume. Un Miniſtre ami de l'autorité, partiſan zèlé de la Monarchie, concourir avec l'ardeur de l'obéiſſance à ce projet déſaſtrueux, ſans ceſſer d'expoſer & de motiver ſes craintes, faire une retraite honorable auſſi-tôt qu'il eut perdu l'eſpérance de faire le bien. Il a vu enfin la Nation ſe contenir avec fermeté, & n'agir que par cette raiſon qui éclaire la ſoumiſſion qu'elle doit à ſon Roi.

Les Edits trop célebres furent envoyés à M. de Vaux, à Beſançon, pour les y faire enregiſtrer. Il ſe tranſporta au Parlement, ſans cet appareil de force, qui n'eſt que le ſigne de la foibleſſe de celui qui l'emploie.

Bossuet disoit : s'il n'est pas permis aux particuliers de donner des leçons aux Rois, un Roi lui-même me prête sa voix pour leur dire : *erudimini qui judicatis terram*. La conduite du Maréchal de Vaux, dans ces circonstances délicates, sembloit dire aux Ministres, avec non moins d'éloquence : s'il n'appartient pas à un particulier de vous donner des leçons, un Empereur vous dira lui-même : *Imperatoria dignitas armis decoranda legibus conservanda* (1). Aussi le Maréchal de Vaux, après avoir obéi à ce qu'exigeoit le devoir de sa place, se retira, laissant le Parlement dans la douleur, mais avec la consolation de la voir partagée par celui qui, malgré lui, venoit d'en être l'instrument.

La Cour n'ignora point sa conduite à Besançon ; & cependant on le crut propre à réprimer les troubles que ces mêmes Edits excitoient en Dauphiné. M. de Vaux pouvoit bien dire alors avec un ancien : « Si voulez avoir des charges, n'allez

_____
(1) Justinien.

» point de porte en porte faire la cour aux
» perfonnes puiffantes, n'embraffez les
» genoux de qui que ce foit, mais prenez
» pour vos compagnes la juftice & la pru-
» dence. L'Empereur, tout grand qu'il eft,
» viendra de lui-même à vous & vous
» priera d'avoir foin de la République ».
(*Mamert. Paneg. Juliani. Ed. de 1677*).

Une émeute avoit précédé les raifonne-
mens par lefquels le Dauphiné fe prépa-
roit à faire valoir fes droits. Auffi-tôt les
Miniftres alarmés ordonnent au Maréchal
de Vaux de fe rendre à Grenoble. Il partit
au milieu des plus grandes chaleurs de
l'été, & arriva dans cette Ville attaqué de
la maladie qui le conduifit au tombeau.

Le refpect qu'on lui portoit ne permit à
perfonne de s'effrayer de fon arrivée. Les
différens Corps de la Province furent le
vifiter & l'inftruire de l'opinion générale.
La Nobleffe, qui avoit arrêté une Affemblée, lui demanda la permiffion de la
tenir, tandis que les co-opérateurs de l'autorité accouroient l'avertir du danger qu'il

y avoit non-feulement à la permettre, mais même à la tolérer. Un Noble parut alors, & femblable au Payfan du Danube, qui rappelloit aux Sénateurs Romains qu'il étoit homme, & qui, pour le prouver, fe contentoit de leur expofer fes propres fouffrances, le Noble Dauphinois rappella au Maréchal de Vaux fa qualité de *Gentilhomme. Tous ceux de cette Province*, ajouta-t-il, *fe font engagés, fous parole d'honneur, de s'affembler tel jour.* Le Maréchal fentit toute la force de ce difcours. Il n'étoit parvenu aux honneurs qu'en refpectant les devoirs de fa naiffance. Il permit donc à la Nobleffe de s'affembler, & fa feule raifon fut que, *lorfque les Gentilshommes d'une Province fe trouvent liés par le ferment de l'honneur, ce feroit un grand malheur pour le Roi, fi toute l'artillerie de fes Arfenaux pouvoit les en dégager.*

L'Affemblée eut lieu, & fanctionnée par l'autorité, elle n'en fut que plus paifible & plus modérée. Le Maréchal de Vaux, auquel on rendit compte, en inftruisit la Cour, en l'avertissant que les Peuples sont inébranlables, dès que ce n'est plus le fanatisme, mais la raison qui les conduit.

Ici le Militaire termina sa carriere en Citoyen. La maladie, causée par la fatigue du voyage, l'enleva après une résistance de cinquante-deux jours, emportant avec lui cette estime publique, compagne inséparable du mérite & de la vertu. Il n'a manqué à sa gloire qu'un meilleur Historien, qui pût inspirer à ceux qui courent la même carriere, le desir de marcher sur ses traces.

F I N.

www.ingramcontent.com/pod-product-compliance
Lightning Source LLC
Chambersburg PA
CBHW061003050426
42453CB00009B/1229